채문사 채문시집 008

입춘 주머니

김재농 시집

채문사

입춘 주머니

시인의 말

시는 신기루 같은 것.
보일 듯하면 사라지고,
잡힐 듯하면 허상이다.

참으로 맹랑하다.

5년 전 첫 시집을 낼 때는 어렴풋이나마 자신이 있었다. 두 번째 시집을 낼 때쯤이면 뭔가 다르겠지. 그러나 그게 아니다. 그동안 시를 잊어버리거나 팽개쳐버린 것도 아닌데, 참으로 기이한 일이다. 시는 신기루 같은 것. 보일 듯하면 사라지고, 잡힐 듯하면 허상이다. 시를 읽다 보면 세상이 참으로 다양하다는 것을 알 수 있다. 한 가지 사실을 놓고도 보는 관점에 따라 수만 가지의 시가 탄생한다. 그래서 세상은 생각하기 나름이라 했나 보다.

나의 시는 거의가 자연 친화적이다. 긍정과 낭만적 사고로 반전과 유머를 구사하며 건강한 시를 쓰려고 노력했다. 이는 자연의 고유영역이다. 반면 부정적 사고나 슬픔과 눈물은 존재하지 않는다. 이는 인간이 만들어낸 감정이라고 생각하기 때문이다. 특히 2부는 텃밭에서 일어나는 시로 꾸몄고, 3부는 고향(산청/덕산)을 배경으로 쓴 시다. 텃밭에는 흙과 작물만 있는 것이 아니라 땅과 하늘, 이웃과 즐거움이 그곳에 있다.

그러나 텃밭을 가꾼다고 시인이 되는 것은 아니더라. 시의 종자를 구했다고 시가 되는 것은 아닌 것처럼…. 그래도 생명의 요소인 빛과 흙, 물의 역할과 중요성을 체험하고 깨닫는 자체가 보람이요 흥미다. 텃밭을 해보면 비를 기다릴 줄 아는 사람이 된다.

  제대로 영글지 못한 시를 가지고 두 번째 시집을 내게 되어 손이 시리다.

2024. 6

덕송 김재농

바람 많은 고기리에서

차례

시인의 말 ························· 5

제1부

3 ································· 17
원자력 부채 ······················ 18
119 ······························· 19
도다리 승천하다 ·················· 21
간판 없는 여인숙 ················· 23

바리톤 음악회 ················· 25
셋방 사는 겨우살이 ············· 27
사자와 도리짓고땡 ·············· 29
입춘 주머니 ···················· 30
사랑하는 마음 ·················· 31
봄은 언제 ····················· 33
이슬 ························· 35
불수의근 ······················ 37
그 섬, 페스카도르 ··············· 38
남사당패거리 ··················· 40

제2부

토란행진곡 ···················· 45
봄까치꽃 ······················ 46
개망초 처세술 ·················· 48
광대풀꽃 ······················ 50
하늘이 저럴 수 있나 ············· 52
감자야 ······················· 53

꽃은 피고 싶어 핍니까 · 55

곰방대· 57

고추신부 시집가는 날· 58

숨바꼭질· 60

꽃아· 61

달 놀이 · 62

자연에도 애증이 · 63

접두사 쟁탈전 · 65

바람둥이· 67

땅· 68

제3부

덕천강 여울 · 73

눈쟁이 · 75

빛과 개미 · 76

안개와 철쭉 · 77

솔잎의 뜻은 · 79

모과 꽃 타령 · 80

천왕봉의 기적 …………………………… 81
목련 ……………………………………… 82
비에 젖나 봐라 …………………………… 83
아기 단감나무 …………………………… 85
수묵화 마을 ……………………………… 87
연초록 신록 ……………………………… 88
신기루 …………………………………… 90
고향집 …………………………………… 92
지리산 칼바위 …………………………… 93
덕천강은 흐른다 ………………………… 94

제4부

소나무와 바위 …………………………… 99
딱따구리 ………………………………… 101
순아, 봄맞이 가자 ……………………… 102
낙수 ……………………………………… 104
속물이 따로 있나 ……………………… 105
어느 세상에서 왔을까 ………………… 107

떨켜 전투 ································ 109
진달래의 예절 ······························ 111
호두과자 ································ 112
가을 ······································ 113
고기리에도 봄은 오는가 ···················· 114
선재길 청류 ······························ 116
열무김치 냉국 ···························· 117
우주 관람석 ······························ 118

해 설	자연에 귀의한 이의 기쁨
	— 방민호 ···················· 121

제1부

3

겸손해요

고개 치켜들지 않아요

양보가 미덕이에요

욕심 부리지 않아요

조화로워요

옹고집은 좋지 않아요

더불어 웃으며 살아요

가을무를 심어 봐요

모래알 같은 무 씨

두 개의 떡잎 대지를 뚫고 나오는데

딱 3일 걸려요

3은 생명입니다

원자력 부채

바다에 서면

바람이 불지 않아도

옷깃을 열지 않아도 시원해

근심 걱정 많은 사람들이여

바다로 오라

가슴에 열 받는 사람들이여

다 바다로 오라

태양이 아무리 바다를 달구어도

거북이 날개는 성능 좋은 선풍기요

물고기 지느러미는 원자력 부채라

바다에 서면

팥빙수보다 더 시원해

119

눈썹달이 을씨년스러운 밤

전갈이 독침을 치켜들고 도마뱀 잡으러 간다

돌부리에 넘어져

고슴도치 가시에 찔린다

구급차를 불러야겠다

달님에게 청하니

내일 이맘때까지 기다리라 하고

바람에게 부탁하니

금방 연락하겠다고 시원스레 대답해 놓고

달이 기울도록 나타나지 않아

애를 태운다

보다 못한 도마뱀이

마침 지나가던 전봇대에게 부탁하니

당장 연락이 왔다

고비사막엔 구급차가 없으니

응급처치 법을 알려주겠다

흙

흙이 약이다

---

* 고비사막의 열악한 의료 환경을 경험하고서

도다리 승천하다

옛날 넙치들의 마을이 있었다.
생전에 무슨 업을 졌는지
모래 바닥에 배를 깔고 미천하게 살았다.
그런데 혈기 왕성한 두 넙치가 만나기만 하면 싸운다.
종족의 울분을 삭히지 못해서다.

 어느 날 둘이서 바위계곡으로 먹이사냥을 갔다. 짙은 바위 그림자와 깊은 굴이 많아 으스스하던 차에 거칠고 사나운 우럭을 만났다. 세상 사람들의 사랑을 독차지한 우럭은 당당했다. 머뭇머뭇하다가 한 친구가 그를 물고 늘어졌다. 엎치락뒤치락 처절한 싸움이다. 다른 친구는 슬그머니 꽁무니를 뺀다. 그러나 넙치는 입이 작아 우럭을 삼킬 수가 없었고, 우럭은 넙치를 잡아먹을 수가 없었다. 결국 싸움은 무승부로 끝났다. 화가 난 우럭이 돌아서면서 꼬리지느러미로 뺨을 후려쳤다. 오른쪽 뺨을 얻어맞은 넙치는 눈까지 돌아갔다. 그 후손이 광어다.

광어는 우럭처럼 인기가 치솟아 어깨를 으쓱거리며 마을을 돌아다녔다. 남은 친구는 구겨진 자존심에 화가 났다. 자기도 우럭과 싸워야 한다고 결심하고 홀로 그 무시무시한 바위산으로 올라갔다. 역시 우럭이 버티고 있었다. 지느러미가 벌벌 떨렸다. 죽기 살기로 싸움을 걸었는데 역시 무승부다. 광어처럼 되려고 오른쪽 뺨을 내밀었더니 우럭은 밉다고 왼쪽 뺨을 후려친다. 눈이 오른쪽으로 돌아갔다. 그는 도다리의 시조가 되었다.

　도다리는 아무리 기다려도 세상 사람들은 자기를 거들떠보지 않았다. 마침 봄바람과 놀다 온 파도를 만나 하소연했더니, 지상에 있는 쑥을 만나보라 했다. 쑥도 좋은 향을 가졌으나 제대로 대접받지 못하며 산다고 했다. 미천한 쑥과 도다리는 동병상련으로 뭉쳤다. 지금 그 인기가 하늘로 치솟고 있지 아니한가.

도다리쑥국의 탄생설화다.
지금도 도다리와 광어는 서로 외면하고 산다.

간판 없는 여인숙

노을 진 강변에
갈대숲 여인숙이 즐비하다

지붕 없는 천정
벽 없는 창문

바닥없는 장판 감촉이 좋다
투숙객들은 난방 안 된다며
숙박료를 외상으로 하고 간다

낮이면 햇볕이 놀다 가고
밤이면 달빛이 자고 간다

오리가족은 떼 지어 오지만
피라미 한 마리 주고 가는 법 없다

강바람은 연락부절 들락거리고

산바람에 쫓긴 동네바람은

숨겨 달라 아우성이다

번듯한 간판 하나 없건만

손님은 끊일 줄 모른다

언제면 우리도 반듯한 간판 달고

숙박료 좀 받아볼까

갈대숲의 탄식이 물길 따라

흘러간다

바리톤 음악회

살금살금

발걸음소리가 천둥이다

아주 살금살금

산자락 웅덩이 아래에 몸을 숨긴다

합창 소리가 울려 퍼진다

안단테다

메마른 나뭇가지 사이로 흐르는 봄의 교향곡

합창이 뚝 그친다

독창이다

다시 합창

2중창 4중창

음악회는 점입가경

아무리 귀 기울여 봐도 소프라노와 테너가 없다

암컷들은 벙어리인가

알토도 없다

수컷들이 테너로 크게 불러도

소리주머니를 거치면서 바리톤으로 변한다

음악은 단조로우면서도 잔물결처럼 부드럽다

바리톤 음률이 따스한 햇볕과 함께

산비탈 타고 흘러간다

경칩의 소리는 바리톤이다

셋방 사는 겨우살이

구천동은 천지가 하얀 눈이다
새벽을 밟으며 덕유산을 오른다
백련사에서 오수자굴로 방향을 잡으니
얼어붙은 계곡 하나 따라온다
벌거벗은 굴밤나무 가지에
겨우살이*가 손 호호 불며 움츠리고 있다

 우리는 원래 땅에 살았어요. 그러나 부부금실이 너무 좋다고 시샘을 받아 땅에서 쫓겨났어요. 처음 소나무에 자리를 잡았는데 사시사철 햇빛을 보지 못해 살 수가 없었어요. 마지못해 식구들을 데리고 셋방을 찾아 나섰지요.

 신사처럼 잘 생겨 내가 흠모하던 자작나무를 찾아갔어요. 셋방을 들이면 스타일 구긴다고 문전박대 당하고, 이번에는 못생겼지만 마음씨 착해 보이는 굴밤나무를 찾아갔어요. 오갈 데 없어 불쌍하니 받아는 주는데, 대신 부부 별거를 하라네요. 밤이면 시끄럽다고

---

* 겨우살이는 암수이체이며, 새들이 매개하여 빨간 열매를 맺는다.

간신히 터전은 잡았지만 부부 생이별의 설움이 생각보다 컸어요. 우리는 보고 싶을 땐 빨간 구슬을 흔들어요. 그러면 새들이 찾아와요. 우리는 그 구슬로 사랑을 전하며 살아요. 그래도 겨울이면 햇볕을 쬐일 수 있어 행복하답니다.

향적봉에 올라 눈 덮인 덕유산맥 굽어보니
그 품이 넓고 안온하다.
굴밤나무 마음씨 같이.

사자와 도리짓고땡

그가 둔덕에 앉아 사바나를 응시한다

먹잇감을 찾는 살육의 눈빛이

살기殺氣는커녕

바보스럽다

멍한 표정

촉기 잃은 눈

뜬구름 잡는 얼굴

저 표정이 어찌 사바나를 주름잡는

포식자의 모습이라 할 수 있을까

기만欺瞞의 술수인가

천하무적의 태연함인가

자만自慢의 무표정인가

틀림없이 사자는

도리짓고땡 고수일 거야!!

입춘 주머니

허공이 부풀다
저 속엔 무엇이 들어있을까
숨 쉬고 눈 뜨는 소리
기지개 켜고 흙 비집는 소리
두 발로 대지 밟고
생명의 환호 터뜨리는 소리
허공은 커다란 소리 주머니야

소리의 퍼즐
요렇게 맞추면
냉이
저렇게 맞추면
민들레
요리조리 맞추면
미나리아재비

입춘의 소리는 퍼즐로 오는 거야

사랑하는 마음

원래 나는 가진 게 많았다

지난 봄
꽃들이 난장판 치더니
한 움큼 뺏어가고
여름에는
여울을 휘젓는 피라미가
한 됫박이나 훔쳐간다
가을이 되니
푸른 하늘이
왕창 뺏어가더니
겨울에는
설산의 상고대가
흩어진 이삭마저 쓸어간다
텅 비고 허전하여
풍요롭다는 바다에 갔더니
가진 것 다 털어 내라고

오히려 으름장이다

줄 것이 없어

빚만 지고 돌아왔다

그대는 복이 있나니

봄은 언제

깊은 계곡 바위틈
얼음 아래로 개울물 소리 들리면
봄이 오는 건가

수양버들 언 듯 언 듯 연둣빛 띠고
생강나무 꽃망울 터질듯 탐스러우면
봄이 오는 건가

동구 앞 밭두렁에
사분사분 발자국 소리 들리면
진정 봄이 오는 걸까

아니야 아니야

봄은
나도 모르게
하늘 자주 쳐다보고

괜히 가슴이 부풀어

어디론가 떠나고 싶으면

틀림없이 봄이 오는 거야

이슬

소프라노 찌르레기와
테너 귀뚜라미 합창을 들으며
우주로부터 내려온다

그는 외눈박이 왕눈에다
칠성무당벌레를 닮았지만
성능 좋은 천체망원경이다

인간이 두 눈 가지고도 못 보는 세상을
한 눈으로 본다
감나무에 달린 홍시를 순간에 헤아리고
구름에 가는 달을 보며
계수나무가 고목枯木이라는 것을 단번에 알아차린다
은하수 건너뛰는 오리온의 점프에
감탄하기도 한다
고요한 밤 홀로 깨어
창문으로 흐르는 호롱불 빛을 즐기며
갓난아기 울음소리에 행복을 느낀다

고향이 그리울 땐

별을 헤아리며 밤을 새고

하루살이 날갯짓 시작할 때 새벽빛 타고

다시 우주로 사라져 간다

불수의근 不隨意筋

눈과 귀의 사용 기한은
칠십년이다
연골과 근육의 유효기한도
칠십년쯤이다
심장이 만약 수의근이라면
살고 죽는 일을 마음대로 할 것 아닌가

세월이
불수의근이기 천만다행이다

그 섬, 페스카도르*

심해에 뿌리박고

기세 좋게 솟아올라

수련처럼 떠 있는 바위섬

부채산호와 맨드라미 조류에 흔들린다

물장구치는 고래들

너울너울 마실 다니는 거북이

예쁜 열대어 숨바꼭질하는 섬

햇빛 희롱하는 대추야자 그늘에 누워

흰 구름 떠가는 하늘을 본다

하얀 플루메리아 머리에 꽂고

꽃구름 타고 오는 그녀

달빛 타고 밀려오는 파도 소리에

사랑이 무르익는 밤

백조 타고 은하 건너 카시오페아에 간다

안드로메다를 만나 페르세우스의 무용담을 듣는다

---

* 필리핀 세부 섬에 있는 유명한 스쿠버다이빙 포인트

새끼손가락 걸고

못다 한 몽돌의 이야기를 밤새도록 듣고 싶다.

남사당패거리

온다고 요란하더니
오는 듯 가버린다
텃밭작물들이
목말라 애태우는 소리가 밤낮으로 들려온다

그가 그리웠다
목마름은 견딜 수가 없었다
마지못해 오는 듯 머뭇거리더니
어느 날 밤,
박쥐이빨 같은 먹구름으로
징치고 꽹과리 치고 밤새도록 놀아난다
개울은 넘치고 축대는 무너지고
집은 잠기고 다리는 끊어지고
설키고 할퀴고 난장판 치다가
소리 없이 사라진다
한 숨 돌리는데
또 올라온단다

무슨 미련이 남아 또 오는가
작물이 다 말라 죽어도 그가 싫다

그는 북 치고 장구 치고
화려한 불꽃놀이까지 하면서
기세등등하다
풀어헤친 머리를 흔들며
호우와 폭우 몇 번 치더니
또 어디론가 사라진다

알고 보니
남쪽에서 놀고 있다고

제2부

토란행진곡

음악 소리가 들린다
우렁찬 행진곡이다
삽을 들고 모롱이를 돌아 언덕으로 오른다
군인들의 행진이 씩씩하다

  한 손에는 방패 다른 손에는 날카로운 창을 움켜쥐고 힘찬 행군을 하고 있다. 비상식량을 한 뭉치씩 허리에 차고 눈을 부릅뜨고 개선행진곡을 부른다. 전쟁에서 승리를 거둔 것이 틀림없다. 도대체 무슨 전쟁을 했냐고 슬쩍 물어보니, 가뭄과의 치열한 전쟁이었단다. 나도 삽을 어깨에 메고 대열에 끼어들었다. 동네를 한 바퀴 돌고서 제자리로 돌아왔다. 비상식량이 떨어지지 않도록 북을 돋아주고, 복장을 고쳐준다.

우리 집
토란 밭에 토란꽃*이 피었다

---

* 토란은 비상식량이요, 잎은 방패, 꽃은 창처럼 생겼다.

봄까치꽃

요리

조리

삐딱

빼딱

발걸음이 춤을 춘다

이른 봄

매화 피어나고

산수유 봉오리 터트릴 무렵

봄까치꽃 찾아온다

새끼손톱보다 작지만 품위가 있다

한 포기 심은 적 없건만

발 디딜 틈이 없다

기품 있게 웃고 있는 봄까치꽃을

차마 밟을 수 없어 춤을 춘다

마치 징검다리 건너듯

요리

조리

삐딱

빼딱

개망초 처세술

이른 봄
개나리 철쭉 목련이 원색으로 세상을 휘저을 때
그는 세상에 나올 자신이 없었다
그들이 시들어갈 때를 기다려
살며시 얼굴을 내민다

그의 이름을 불러주는 사람은 별로 없다
금계국이 샛노란 웃음을 날리며 요염 떨지만
그는 여름 한 철 쾌활한 성격으로
산과 들 누비며 가슴 펴고 살았다

소슬바람 불어올 무렵
바람에 휘날리는 머리카락 쓸어 올리며
큰 키, 가는 허리
멋스러운 코스모스가 나타났다

그는 도저히 맞설 용기가 나지 않아

상사초 이파리처럼 스르르 몸을 감춘다

나는 여름이 좋아

독백을 흘리면서

광대풀꽃

봄맞이꽃아
꾸물거리지 말고 나와라
큰개불알 너도
새침 떨지 말고 나와라
우리 한 번 거나하게 오는 봄 즐겨보자

연지곤지 각시 탈에
빨간 머리 나풀나풀
두 다리가 번쩍번쩍
덩 덩 쿵 따 쿵
휘몰이장단 신명난다

울긋불긋 새 옷 입어
구름 같은 관람객들
까치발로 구경하네
흥에 겨운 벌 나비
꿀 따기도 잊어먹고
쌍을 지어 춤만 춘다

노랑머리 양지꽃들

꽹과리치고 등판하니

사물놀이 얼씨구나

땅 속의 씨앗들도

어깨춤이 들썩들썩

팔짱끼고 구경하던

봄볕마저 싱글벙글

우리 집 뒤뜰에 봄 잔치 열렸네

하늘이 저럴 수 있나

토끼풀이 발갛게 말라죽고
잔디가 누렇게 타버리더니
뜨락의 목련 잎이 쪼그라든다

정신이 번쩍 난다
물 조리와 바커스에 물을 가득 채우고
텃밭으로 달려간다
난쟁이 개망초가 바짓가랑이를 잡는다
토란 모종이 숨이 넘어간다
뿜어져 나온 물이 목구멍으로 들어가니
꼴깍꼴깍
물 먹는 소리가 다급하다
옆 이랑에 있던 고추와 가지가
힐끗힐끗 곁눈질하는데 그 눈빛이 간절하다
다시 물을 길러온다
한 숟가락씩 떠먹이는데
맛있다고 입맛을 쪽쪽 다신다

비가 와야 하는데
하늘은 구름 한 점 없다

감자야

얘야 얘야!
얼른 자라라
너는 알만 배면 된다
다른 것은 아무 할 일이 없다

배고프면 밥 주지
목마르면 물 주지
무성하면 가지치기 해주지
알배면 북 돋아 주지
내가 다 해준다
너는 알만 키우면 된다

얘야!
고구마와 놀지 마라
그는 달콤한 맛으로 유혹하고
빨갛게 몸단장을 하지만
알을 숨겨서 나를 골탕 먹인단다

너는 나하고만 놀면 된다

하얀 블라우스에 노란 모자를 쓴 너의 모습을

나는 좋아한단다

알일랑

울퉁불퉁 생긴 대로 키워라

꽃은 피고 싶어 핍니까

시골집 향나무 그늘에 앉아
커피 한 잔 즐긴다
너른 마당에 봄볕 타고 풀꽃이 화사하다
벌들이 땀 뻘뻘 흘리며
이 꽃 저 꽃 바쁘다

너희들 정말 기특하구나
칭찬 한 마디 했더니

우리가 부지런해서 부지런 합니까
우리도 쉬고 싶고, 놀고 싶지요
우리가 놀면 이 꽃들은 어찌합니까
꽃인들 피고 싶어 핍니까
피지 않으면 종족이 멸종한다니
마지못해 피어서 온갖 애교 부리는 거지요

나비들이 도와주지 않느냐

그들은 짝 찾아 멋만 내고

봄바람도 살랑살랑 돌아다니며 놀기만 좋아하니

구름같이 몰려오는 저 꽃들을 어찌합니까

우리만 죽을 지경이랍니다

땀은 흘리면 그만이지만

날갯죽지 아파서 못살겠어요

그거라도 내가 도와줘야겠구나

강가 버드나무* 꽃술에 다녀오너라

잠시 후

문풍지 소리를 내며 달려오더니

하이고 아픈 게 싹 나았네

나는 약사니라

---

* 아스피린은 버드나무에서 추출한다.

곰방대

화려한 연분홍 꽃이다

팔베개로 비스듬히 누워

긴 담뱃대 입에 물고

뻐끔뻐끔 꽃구름 피워낸다

오가는 발자국에

짓밟히고 꺾이고

반신불수 되어 누워만 살아오지만

해맑은 웃음으로 푸른 하늘 즐긴다

텃밭 어귀 코스모스 한 그루

볼 때 마다 눈인사 한다

고추신부 시집가는 날

혼례식 가는 길은

뼛조각으로 거칠지만

꽃으로 카펫을 깔았다

아침햇살에 꽃잎은 행복에 젖고

홀씨풍선은 공중에 두둥실

민들레는 별처럼 반짝이고

냉이는 바람 따라 팔랑개비를 돌린다

봄맞이꽃, 개불알꽃은 단체로 입장하느라

왁자지껄 소란스럽고

채송화, 광대풀꽃은 빨간 머리에

립스틱이 진하다

양지꽃 제비꽃도 제각기 곱게 차려입었다

신부 납신다!

가지꽃의 부축을 받으며

고추신부 수줍어 고개 숙인다

하얀 면사포를 쓰고 오신다

천사같이 소박한 자태에 모두들 감탄한다

풍선은 하늘을 수놓고

깃발은 바람 따라 펄럭인다

모두들 고추신부를 축복한다

고추신부 시집가는 날

즐거운 고추밭 길

숨바꼭질

둥글둥글 둥근 달은
구름 뒤에 숨는데
길쭉길쭉 고구마는
바위 밑에 숨는구나
여기저기 가짜 뿌리
진짜 가짜 헷갈린다
깊이깊이 숨어라
호미에게 들킬라
얼기설기 그물 치고
감쪽같이 잎으로 덮어라

호미야 호미야
날 잡아 봐라!

꽃아

꽃아
꽃아
예쁜 꽃아
네가 있어 세상이 더욱 아름답다
고개 치켜들고 태양을 희롱하지 마라
단풍잎 예뻐도 뽐내지 아니하고
푸른 하늘 우아해도 물러서 있지 않느냐

꽃아
꽃아
향기로운 꽃아
네 향기 내 가슴 녹이는구나
그런다고
세상 휩쓸지 마라
살랑대는 솔향 그만 못하더냐
냉이며 더덕 향이 그만 못할까만
있는 듯 없는 듯 하지 않느냐

고개 숙여 아래를 보아라
네 자신이 비로소 보일 테니

달 놀이

이른 아침 텃밭으로 갔다

고추를 따려고 보니

고추가 뒤틀리거나 동그랗게 말려있다

뒤틀린 것은 세상풍파 싸우느라 그렇다지만

동그라미는

지구가 둥글다는 뜻일까

자연이 하나라는 뜻일까

달을 닮고 싶은 걸까

반달도 있고

초승달도 있고

둥글둥글 보름달도 있다

오늘 아침

우리 집 식탁은

달들의 놀이터라네

자연에도 애증이

가을걷이 바쁜데
잠자리 한 마리 느닷없이 날아오더니
고춧대에 사뿐히 앉는다

너 왜 왔니!
내가 겁나지도 않아?
헤- 사람 좋게 생겼어요
내가 다 알아요
그런데 뭐 좋은 소식이라도 있어?
그럼요
개울 건너 고구마 밭에 큰 소동이 벌어졌어요.
생쥐가 새끼 찾아 난리가 났어요.
고구마 캐느라 집을 뭉개버렸나 봐요.
그런데 아저씨!
재 넘어 산골동네에는 싸움판이 벌어졌어요
구절초가 막 세상 구경을 나오는데,
외래종 수레국화가 거들먹거리니 자존심이 상했나 봐요

또 저 아랫동네에는 울음바다에요

여름을 펑펑 울리던 개망초가 코스모스 때문에 울음보가 터졌어요

코스모스가 키도 크고

허리가 날씬한데다

얼굴도 예뻐서

사람들이 코스모스만 좋아한대요

거참 딱하구나

개망초가 촌뜨기 같지만 무더운 여름동안 애 많이 썼는데

코스모스에게 타일러서

잘 토닥거려 주라고 일러라!

그는 알았다는 듯 눈을 깜박깜박하고는

가볍게 날아간다

접두사 쟁탈전

우리 집 텃밭의 가을철 접두사는 당연 무다.
시래기 무가 4이랑이나 되기 때문이다.
무는 씩씩하게 자란다.
접미사에 속한 2/3이랑짜리 쪽파가 숨을 헐떡거리고 있다.
보조어간인 1이랑짜리 배추를 따라잡기 위하여
안간 힘을 쓰고 있기 때문이다.

이른 봄의 접두사는 단연 토란이었다.
6이랑이나 되기 때문이다.
그때의 접미사는 파릇파릇한 상치와 쑥갓이었다.
다 합쳐야 1/2 이랑이다.
그들이 보조어간이 되려고 노력했지만
주인이 허락하지 않았다.
보조어간은 뜻밖에 외부에서 온 야콘이 차지했다.
우리 집 텃밭의 접미사들은 서러워할 필요가 없다.
그들은 접두사 보다 더 영광스러운 주어가 되기 때문이다.
주어는 동사며 형용사 부사를 거느리며 거들먹거릴 수 있다.

문제는 잡초들이다.

텃밭 대부분을 장악하고 있는 그들은

자기들이 접두사를 해야 한다는 주장이다.

그들은 명예욕도 대단하고 막무가내다.

할 수 없이 주인이 보조어간이 되어

그들에겐 접속사가 더 좋다고 설득하여 얼버무려 놓았다.

우리 집 텃밭의 말잔치는 바람 잘 날 없다.

바람둥이

나는 그녀를 좋아한다
어쩌다 떠나있으면 보고 싶어 견딜 수가 없다
그녀도 나를 좋아하는 것이 틀림없다
내가 그녀 앞에 서면 그녀의 눈은 환희로 빛난다
그 사랑의 눈빛을 잊을 수가 없다

그녀를 집적거리는 것들이 너무 많다
벌 나비 찾아들면 춤 노래 흥겹지만
잡새들과 어울리면 아수라장이 된다
바람은 시도 때도 없이 찾아와
옷매무새를 흩트려 놓고 간다
그녀는 요염한 웃음으로 순진한 아침햇살을 꾀어
사랑을 나누기도 한다

그녀는 예쁜 바람둥이

바람둥이를 사랑하는 나는
오늘도 삽 들고 텃밭으로 간다

땅

배를 타도

비행기를 타 봐도

기차를 타는 것만 하든가

그 무거운 바다를 통째로 들쳐 메고서

아무렇지도 않으니

그는 천하장사다

빨간 장미에

노란 민들레

파란 달개비에

새하얀 백합까지

그가 만들어내는 색은 수 만 가지다

마치 가시광선이 프리즘을 통과하듯

그는 천부天賦의 예술가다

콩 심은 데 콩 나고

팥 심은 데 팥 난다

더덕 심으면 더덕 나고

도라지 심으면 도라지 나지 않든가

헷갈리지도 않고

잊어 먹지도 않는

그 총명함이 오히려 바보스럽다

나는 오늘 감자를 심는다

혹여 토란이 나오면 어떡하나 걱정하면서

제3부

덕천강 여울

피라미 보고파

발 벗고 강에 드니

여울이 발목을 살살 간질인다

모공 하나

잔털 하나

살랑살랑 매만진다

여울아

여울아

덕천강 여울아

어쩌면 그렇게 부드럽고 향긋하니

반기는 네 손길

소꿉친구 생각난다

천왕 샘에서 태어나

심산계곡 굽이치며

산새 노래 귀를 씻고

꽃향기 눈을 씻어

구곡선경 휘돌아

저리도 청아하구나

나는 안다

뼛속까지 투명한 네가

흰 구름 좋아하는 것을

눈쟁이

눈쟁이 노는 곳에

고사리손 모아 덫을 놓으니

철모르는 눈쟁이들 손 안으로 들어온다

가만히 하얀 고무신에 놓아준다

고무신 속은 새로운 세상

눈쟁이가 파란 하늘로 날아간다

왕눈을 이마에 붙이고

숲으로 구름으로 숨바꼭질한다

숲 속으로 숨어들면

꼬마들이 울상 되고

구름에서 나오면

손뼉 치며 좋아한다

이제 덕천강에는 피라미만 펄쩍펄쩍

눈쟁이도

하얀 고무신도 간 곳 없다

빛과 개미

따스한 아침 햇빛이
마당에 성큼 내려앉는다
일억 오천만 킬로를 단숨에 달려왔건만
숨차지도 않고 해맑은 표정이다
잠시 두리번거리더니 서서히 전진한다
모래알 적시는 파도처럼
메마른 낙엽 부스러기, 풀뿌리를 사뿐히 넘어
돌멩이 잔모래 알알이 어루만진다
아롱진 이슬은 얼싸 안기고
꼼지락꼼지락
찬 기운은 온기로
어둠은 광명으로 빛난다
빛의 향연이다

개미 한 마리 빛을 따라 달려온다
빛은 조금도 쉬지 않고 거침없이 전진한다
개미는 빛과 어둠의 경계를 돌파한다
개미는 빛 보다 빠르다

마당엔 생명의 기운이 넘친다

안개와 철쭉

녹색 치마에 연분홍 저고리

쪽빛 머리에 도톰한 입술

화려하게 차려 입은 그녀

우리는 금세 사랑에 빠진다

그녀의 눈망울이 촉촉이 젖어 올 무렵

하얀 옷에 중절모 눌러 쓴

그가 스스럼없이 그녀의 손을 잡고

신록 속으로 사라져간다

뒤돌아보지도 않는 그녀의 뒷모습

그녀가 홀연히 나타나

향긋한 체취로 가슴에 안겨 온다

부드러운 연분홍 뺨에 입 맞추고

부둥켜안고 핑그르르 산허리를 돌아간다

그녀와 사랑의 밀어를 속삭이는데

그가 또 나타나 그녀 허리를 감싸고 사라진다

뒤돌아보는 그녀의 눈망울에 이슬이 맺힌다

나는 애타게 그녀를 찾는다

오월의 지리산

안개와 철쭉이 사랑으로 몸부림친다

솔잎의 뜻은

아침 산책길
남명 묘소가 있는 뒷산으로 오른다
잠이 덜 깬 천왕봉 힐끗 보며
산모롱이 돌아드니 솔 향 은은하다
솔잎 하나 주워보니 두 갈래다

지리산 양단수도 두 갈래
하늘은 해와 달
땅은 동물과 식물
사람은 남자와 여자
마음은 선과 악이 둘이다
그래서 음양이라 하지 않나
어디 그 뿐인가
아인슈타인이 우주를 상대성 이론으로 풀더니
남명은 사람의 근본을 둘로 나누었다
의義와 경敬
솔잎은 두 갈래의 진리를 먼저 알고 있음인가

희뿌연 하늘에 기러기 날아간다
두 갈래로

모과 꽃 타령

앞마당에 모과 한 그루 심었다
심은 지 4년 만에 꽃이 피었다
열매가 못생겨서
꽃도 못생긴 줄 알았다

이리 보면 연분홍
저리 보면 꽃분홍
빙글빙글 돌아보면 영롱한 무지갯빛
어찌 보면 촌로의 삿갓이요
다시 보면 풀 먹인 세모시라
보면 볼수록 기품이 넘치네

어허라 둥둥
송이송이 모과 꽃 함박웃음 터졌네
모과는 못생겨도 기생방에 놓고
꽃은 시인의 가슴에 안기는구나

천왕봉의 기적

바람이 미쳤다
안개도 미쳤다
덩달아 싸락눈도 미쳤다
미치지 않고서야
천왕봉이 태양을 휘감고 곤두박질 칠 수 있나

열여섯 번째 지리산 종주
시월의 마지막 날 아비규환
혼돈의 천왕봉이다
미친 것들이 하나 둘 물러가니
펼쳐지는 천상의 세계
풀잎엔 새순 돋고
꽃은 허공에 피고
바위는 만물상을 만들더니
구상나무 춤을 춘다

천왕봉이 피어난다
한 송이 꽃으로

목련

돌담 너머 이웃집에
목련이 피었네
아침 햇빛에
눈송이처럼 고아라

그 집 큰아기
해맑은 눈동자에도
목련이 피었네
진달래 빛 입술이 고아라

우리 집 개나리
담 넘어 목을 빼고
초승달 같은 웃음 짓네
옹달샘 보조개가 고아라

내 가슴에는 언제 피려나
하얀 목련

비에 젖나 봐라

지리산 종주 길
아침부터 비가 내린다
삼도봉 지나
벽소령 지나

콩알 만한 빗방울이
잎 때리고
숲 때리고
땅 때리는 소리
나락 논에 메뚜기 튀듯 경쾌하고
큰 파도 휘모는 바닷바람처럼 장엄하다
놀란 산새 노래를 멈추고
산유화는 향기를 멈추고
바람마저 젖은 몸으로 갈 길을 멈춘다
빗물은 얼굴에 도랑처럼 흐르고
신발은 질척거리고
지리산은 하염없이 비에 젖는다

아무리 비가 쏟아져도

지리산 걷고 싶은 내 마음은

안주머니 지갑처럼

뽀송뽀송하다

아기 단감나무

이웃집 단감나무 샘나서

뒤뜰에

아기단감나무 한 그루 심었지요

막대기 하나 심었는데

해마다 가지 벌려

예쁘게 컸지요

애지중지 사년 만에

첫 단감

탐스럽게 열렸지요

그 단감 좀 봐요

똬리 닮아 도리 납작

하늘 닮아 둥글둥글

한 입 베어 무니

부드럽고 달부드리

사각사각 아삭아삭

이 세상에 하나뿐인 그 맛

그 아기 단감나무
나만 보면 웃지요

수묵화 마을

그녀는 봄빛 따라
하얀 고깔 쓰고 천사처럼 오더니
여름 한 철 나 보란 듯 탐스러웠지
해 뜨면 웃음으로 눈 맞추고
해 지면 가슴 뿌듯했었지
고달프고 힘들어도
그녀만 보고 살았었지

가을엔 온 마을 울긋불긋
풍요롭게 물들이더니
찬 서리 내리고서야 갈 길 찾아 떠났지
홍시로
곶감으로
감말랭이로

텅 빈 수묵화 마을엔 냉기만 서리고
무서리는 밤을 새워 내린다
그녀 떠난 덕산 마을
천왕봉만 의연하다

연초록 신록

초록아 초록아 연초록아

내가 어디에 있니

삼각봉* 오르고 있지

초록아 초록아 연초록아

내가 진정 어디에 있니

선비샘** 내려가고 있지

숲도

바위도

구름도 연초록이다

연초록 속을 걷고 또 걷는다

새들의 노랫소리도 연초록이요

살랑 바람도 연초록이다

고함을 쳐봐도

---

*   지리산 종주 능선에 있는 봉우리.

**   지리산 종주 능선에 있는 샘

돌아오는 메아리는 연초록이다

눈을 감아도
눈을 떠봐도 연초록이다
연초록에 물든 나도
지리산을 영영 헤어날 수가 없구나

신기루

내 가슴엔

고향이 둥지 틀고 있다

비좁다고 불평하는 법도

답답하다고 뛰쳐나가는 법도 없다

천평 들에 아지랑이 아롱한데

웅석봉 무지개 하늘에 솟아있어

남풍 타고 달려가니

무지개는 고사하고 아지랑이도 간 곳 없다

반쪽 낮달만 덩그마니

보랏빛 구곡산이

연분홍 손수건 흔들기에

북풍 타고 달려가니

보랏빛도 손수건도 간데없다

고깔 쓴 지리산만 덩그마니

덕천강 물소리 아련하고

양당수 맑은 물에 피라미 뛰노니

낚싯대 챙겨 들고 가슴 펴고 가지만

여울이 예전 같지 않아

황혼에 물든 은하수만 십여 리

내 고향은 신기루

고향집

그대 그리워 한 걸음에 달려왔네

좁은 골목 탱자나무 울타리
빨간 지붕 푸른 대문
평화로운 잡초들
벽잡이하는 넝쿨들
주인 없어도
조금도 기죽지 않았다

콩밭에 김매고
토란 밭에 물주고
감나무 가지치기 하네

향나무 그늘에 앉아 커피 한 잔
천왕봉 하늘 위에
구름 한 점 떠도네

지리산 칼바위

강감찬 장군의 칼인지
을지문덕 장군의 칼인지 알 수 없지만
지리산에는 큰 칼 한 자루가 거꾸로 꽂혀있다
옆으로는 천왕봉으로부터 치고 내리는 청류淸流가
땅을 울리며 함성을 지르고
위로는 망바위가 사바세계를 샅샅이 검색한다

지리산 서쪽 통천문은 어리석은 자를 걸러내고
동쪽에는 칼을 두어 의롭지 못한 자를 척결한다
이집트에 피라미드를 지키는 스핑크스가 있다면
지리산에는 천왕봉을 지키는 칼바위가 있다
수천 년을 견뎌온 칼이지만 아직도 날카롭다

인간세계의 악을 남김없이 처단하겠다고
서슬 퍼런 칼끝이 하늘을 향하여 포효한다
우리는 그 거룩한 정신을 받들어
지리산의 정의로운 기상을 만천하에 선포해야 할 것이다

덕천강은 흐른다

사스락 사스락

누에가 뽕잎 먹는 소리

한 잠 두 잠 석 잠 밤낮으로 먹는다

지리산 천왕봉 동편

야산은 온통 뽕나무 밭이다

그때도 덕천강은 흘렀다

수려한 산수화

눈에 익은 여배우

시장 바닥에 널렸다

덕산 부채

집집마다 부챗살 엮어 살림에 보탠다

그때도 여전히 덕천강은 흘렀다

닥나무 뽕나무 다 뽑히고

밤나무 숲을 이룬다

한 가마 열 가마 장날이면 밤이 산을 이룬다

덕산 밤이 밥 먹여준다

그때도 덕천강은 힘차게 흘렀다

밤나무가 뽑혀나가고

그 자리에 감나무가 들어섰다

마을은 물론이요 산과 들 전부가 감나무다

온화해서 좋고 칼라풀해서 좋다

대한민국이 알아주는 유명품이다

곶감 홍시 감말랭이

지금도 덕천강은 유유히 흐른다

세월이 흐르고 시대는 변해도

덕산 사람은 덕천강으로 산다

제4부

소나무와 바위

비좁은 바위틈에
소나무 씨앗이 날아든다

좀 들어가자
나도 살아야 할 것 아니냐
안 된다, 인마!
땅 놔두고 나한테 왜 그래
태고의 신비를 간직한
네 심장의 소리를 듣고 싶어서야
여우 같은 소리 하지 마라
주름진 것도 속상한데 얼굴에 생채기까지 내면
어쩌란 말이야
겉에만 살짝 얹혀 있을게 응!
안 돼 안 돼 그래도 안 돼

세월이 흘러
소나무는 바위틈에 단단히 자리 잡고

S 라인 뽐내며 푸른 하늘 받치고 있다

바위는 대견스럽게 웃으며 그를 쳐다본다

인간들은 모른다

우리가 예술하고 있다는 것을

딱따구리

이른 봄

적막한 숲속

딱따구리 소리 들린다

애타게 쪼아대는 처절한 음향

물수제비뜨듯

가슴에 알알이 들어와 박힌다

추운 겨울도 지났는데 새집을 짓다니

분가할 일이 생겼나

부동산 투기를 하려나

혹

작은댁이 생겼을까

오늘은 들리지 않네

하마나 들릴까

발걸음 멈추고 가만히 귀 기울여 보네

순아, 봄맞이 가자

순아,
입춘 이미 지나고
하늘도 많이 부풀었는데
봄은 언제 오니

생강꽃 망울 터질 듯 부풀고
여인네 옷차림 저렇게 가벼운데
순아, 왜 봄은 오지 않니
봇짐 싼 겨울바람은
나무 끝 맴돌며 차마 떠나지 못한다

그가 오면 봄이 올 텐데
잔잔한 호수에 파문 일으키는 물방개처럼
아홉 남매* 거느리고 파도치듯 온다
은하에 빠질세라
전갈에 쏘일세라 둘러 둘러 오느라 늦나보다

---

* 태양계 9행성

순아, 어디쯤 오나

발돋움 해보렴

봄이 오면

냉이 향 은은한 밭두렁이며

버들강아지 흔들리는 강변으로

순아, 우리 손잡고 봄맞이 가자

낙수落水

오려거든 혼자 오너라

외로움과 그리움은 반갑지 않다

외로움은 잘 다독이면 된다지만

그리움은 어찌하나

그가 오면

친구 생각나고

친구 오면

따끈따끈한 군밤 생각난다

나에겐 화롯불이 없단다

쩌벅 쩌벅 쩌벅

그가 오나보다

처마 끝에 멈추어라

내가 마중 나가마

속물이 따로 있나

풍경소리 아련한 공작산 기슭
수타사 휘두른 맑은 개울물
두둥실 떠가는 가랑잎 하나
가을을 노래하네

추위에 놀란 다람쥐 굴밤 안고 제집 찾는데
제집 없는 바람은 쉴 곳 찾아 안절부절
구름 성가시다고 푸른 하늘은 높아만 가고
허공을 가르는 가랑잎 하나 휑

산수유 붉은 볼 저리도 탐스럽고
보리수에 사랑방 차린 새들은 먹거리에 희희낙락
억새는 춤추며 낮달을 희롱하나
낮달은 고개 돌려 단풍 구경만 하는구나

설레는 내 마음 가을빛 찾아

낙엽 떠가는 개울물 따라 흘러보지만

가을은 찾지 아니하고

피라미만 찾고 있네

속물이 따로 있나

내가 바로 속물이지

어느 세상에서 왔을까

 카트를 끌고 아내 뒤를 따른다. 싸전에 들러 10kg 포장을 열심히 뒤적인다. 똑같은 건데 뭘 그렇게 보냐고 했더니, 빛깔과 도정 회사와 날짜를 본다고 한다.

 정육 코너에 들러 국거리 팩을 뒤적인다. 시간이 하염없이 흘러 한 마디 했더니,
도축 회사와 날짜를 확인해야 한다고 한다. 그런 게 거기 적혀있냐고 반문하니,
그렇단다.

 생선가게에 들렀다. 눈이 붉거나 흐릿하면 상한 것이고, 배가 처져도 상한 것, 눈도 피부도 빛깔이 신선해야 한단다.

 바지락 전에 들러 또 이리저리 뒤적인다. 기다림에 지쳐, 조개껍질 속에 들어있는데 그것도 뭐 보는 법이 있냐고 했더니, 육안으로 구별이 어려워 팩을 기울이면 국물이 고이는데, 누르스름하면 물이 좋지 않고 맑을수록 싱싱한 것이란다.

대머리에 뚱뚱한 남자가 여자 둘을 데리고 나타났다. 부인과 딸 같다. 남자가 카트를 끌고 굴비 전에 가니 그녀들이 우르르 따라가서 구경한다. 또 건어물 전에 쭈르륵 몰려가더니 남자가 고등어 진공포장 뭉치를 들고 힐끗 한 번 보더니 카트에 홱 집어넣는다. 여자들이 신기한 듯 깔깔거리며 뒤따른다.

 나도 저래봤으면

떨켜 전투

둑을 쌓아라!
본토가 위험하다
둑을 파괴하라!
둑이 완성되면 우리는 죽을 수밖에 없다

떨켜* 물목은 피아간 생명의 요충이다
사활을 건 혈전이다
본토는 전투를 하면서도 한 치의 오차 없이 둑을 쌓아간다
반도의 대부족인 클로로**는 푸른 깃발을 흔들며 전투를 독려한다
클로로 부족은 본토보다 수적 열세에다 소부족들의 배신으로
패퇴의 수렁으로 빠져든다
소부족들은 클로로 부족의 억압에 언제나 분노를 느끼고 있었다
클로로 부족이 패퇴하자
탄닌*** 부족이 갈색 깃발을 흔들며 대세를 장악한다
주황색 깃발의 카로틴**** 부족과

---

* 떨켜: 나무와 잎사귀 사이의 수분 공급로
** 클로로: 클로로필(엽록소, 푸른 색소)
*** 탄닌: 갈색 색소
**** 카로틴: 카르티노이드(주황 색소)

노랑 깃발의 크산토필* 부족도 함성을 지르며 거리로 쏟아져 나온다
안토시** 부족은 빨강색의 화려한 옷으로 분장하고
신나게 춤추고 노래한다
거리는 형형색색의 깃발로 넘실거리고
혼돈의 세계로 빠져든다
반도의 운명은?

억압과 설음에서 풀려난 자유!
감격은 그들을 흥분의 도가니로 몰아넣었다
그들은 자유에 취하여
떨켜 전투를 이겨야 하는 절체절명의 임무도 잊은 채
떨켜둑은 완성되고
결국 추풍낙엽 신세가 되었다

---

* 　크산토필: 노랑 색소
** 　안토시: 안토시아닌(빨간 색소)

진달래의 예절

영장산 종지봉을 오른다
삭풍은 아직도 나무 끝에 맴도는데
저만치 진달래가 반긴다

너는 봄이 오는 줄 어찌 알고 이렇게 빨리 나왔니

햇볕이 소맷자락 당기더냐
봄바람이 치맛자락 스치더냐

긴 눈썹 발그레한 얼굴 곱기도 하다

생강나무 예쁜 손이 어루만져 주더냐
키다리 소나무 아저씨가 쓰다듬어 주더냐

진달래야 진달래야

수줍어 고개 숙이는 반듯한 예절은
누가 가르쳐 주었니?

호두과자

달그락 딸그락 찍 찍

호주머니 속 호두알 두 개

비명을 질러댄다

비명을 지를수록

더 짓궂게 비벼댄다

견디다 못한 호두 알

무턱대고 뛰쳐나온다

갈 곳 없어 헤매다가

천생연분 팥을 만나

팔도유람을 시작한다

오늘도 바쁘다

전국 고속도로 휴게소를 돌아다녀야 하니까

가을

팔뚝 센 여름이

깊은 잠에 빠진 가을을 깨운다

선잠 깬 가을이 붉으락푸르락

고기리*에도 봄은 오는가

참으로 볼품없고
매력 없는 골짜기다

남쪽은 바라산이 햇빛을 막아서고
북쪽은 발화산이 북두칠성을 잘라먹는다
산은 높고 경사는 급하고
수려한 풍치도 없다

바라재를 넘어온 서풍이
미끄럼 타듯 고기리를 휩쓸고 지나간다
바람이 많은 골짜기라 기온이 낮다
실개천이 흐르지만
풀숲에 덮여 정취가 없다
개울을 따라 바라재에 오르는 등산로가
끊어질 듯 이어질 뿐이다

---

* 용인시 수지구에 있는 골짜기

고기리에
하얀 봄맞이꽃이 옹기종기 피고
파란 봄까치꽃도 탐스럽게 피었다
꽃이 피는 곳에 사람이 왜 못사는지
참으로 볼품없는 고기리 골짝에도
진정 봄은 온다

선재길 청류淸流

동자가 오르던 월정사 옛길

돌부리 나무뿌리

발을 막고 길을 막는 고행의 길

가슴에 웅크린 멍울 하나 풀어내려고

청류淸流 거슬러 선재길 오른다

동자는 풀어냈는지

알 수는 없지만

청류는

틀림없이 풀어냈나 보다

저렇게 춤추고 노래 부르며

내닫는 걸 보니

열무김치 냉국

차디찬 소금물 호수

잔물결 하나 없이 잔잔하다

바람 소리도

시계 소리도

용해된 침묵만 흐른다

무겁게 가라앉은 열무와 오이

천년을 삭혀도

푸르기만 하다

푹푹 찌는 찜통더위

땀만 줄줄

한 국자 목젖 타고 내려가니

시원한 안개바람 솟구치고

북극의 차디찬 유빙遊氷이

등줄 타고 내려와 고드름을 만든다

땀만 멈춘 줄 알았더니

가슴마저 가시랑 가시랑하다

우주 관람석

이른 아침
창문 두드리는 소리에 커튼 열어보니
아폴론이 강렬한 눈빛으로 만면에 웃음 띠고
하늘의 소식을 전해주고 간다

밤이 되니
아르테미스가 살가운 미소로 노크한다
그녀는 숲 속의 이야기를 전해준다

그녀와 아폴론은 남매로 태어났다 왜 같이 손잡고 다니지 않느냐고 물었더니
아폴론이 그녀의 사랑하는 연인 오리온을 죽게 만들었다고 울먹이며 말한다
인간세상을 지배하고 있는 애증이 우주공간에도 존재하다니

그들은
정 동쪽을 축으로

남북을 오가며 그네를 탄다
일 년이 걸리는 우주 그네다
마치 다리미 불이 오락가락하듯

우리 집 창문은 우주 관람석이다

자연에 귀의한 이의 기쁨

자연에 귀의한 이의 기쁨

— 김재농 시집 『입춘 주머니』에 관하여

방민호 (문학평론가 · 서울대 교수)

1. '유머러스'한 시들

김재농 시인의 이 시집은 자연에, 산에 귀의한 사람의 기쁨을 보여준다. 고통과 슬픔 대신에 기쁨과 즐거움을 보여준다는 점에서 이 시집은 너무나 귀하다. 어째서 이런 일이 가능했는가를 묻는 일이 이 글의 중심이 되어야 한다.

이를 위해, 나는 먼저 이 시집이 유머러스한 화자의 존재를 드러낸다는 사실에 주목해 보기로 한다. 이 시집의 첫 번째 오는 시는 「3」이다. 숫자 '3'이 떠올리게 하는 것에서 착상을 얻었을 이 시는 '3'에 대해서 이렇게 노래한다.

> 겸손해요
> 고개 치켜들지 않아요
> 양보가 미덕이에요
> 욕심 부리지 않아요
> 조화로워요
> 옹고집은 좋지 않아요
> 더불어 웃으며 살아요
>
> —「3」, 1연

듣고 생각해 보면 '3'은 과연 그러한 것도 같다. 올림픽이든 시험에서든 3위나 3등을 하면 **고개 치켜들** 필요까지는 없다. '**양보**'한 것도 같고 '**욕심**'이 덜 커 보이기도 하고, 세 사람이 가면 셋이라는 것만으로도 '**조화**'가 느껴진다. 예부터 '정립'이라 해서 다리 셋으로 받쳐 들면 균형감, 안정감이 있다고도 했다. 3위든, 3등이든, 세 사람이든, 과연 '3'은 우리 마음을 편안하게, 안도하게, 부드럽게 해준다. 이 '3'을 시의 대상, 노래의 대상으로 삼을 수 있음은 시인의 내면의 여유 덕분일 것이다.

시집에 두 번째 수록한 시는 읽는 이들에게 또 동화 같은 과장법을 선사한다.

> 바다에 서면
> 바람이 불지 않아도
> 옷깃을 열지 않아도 시원해
> …(중략)…
> 태양이 아무리 바다를 달구어도
> 거북이 날개는 성능 좋은 선풍기요
> 물고기 지느러미는 원자력 부채다
> 바다에 서면
> 팥빙수보다 더 시원해
>
> —「원자력 부채」, 부분

시인은 여기서 바다에 간 모양이다. 때는 여름일 수 있다. 바닷바람이 불어와 더위를 식혀주는 양상을 '**거북이 날개**', '**물고기 지느러미**'까지 동원하는 '과장적' 기법으로 표현한다. 이 동화적

단순함은 웃음을 짓게 하는 묘한 힘이 있다.

사막의 한밤에 도마뱀을 잡으러 간 전갈의 사연을 이야기체로 선보인 「119」, 생김새 비슷한 어족들, '**넙치**', '**광어**', '**도다리**'의 이야기를 전해주는 「도다리 승천하다」, 노을 진 강변 갈대숲을 '**여인숙**'에 비유해서 노래한 「간판 없는 여인숙」, 경칩 다가온 봄의 향연을 노래한 「바리톤 음악회」, 나무에 기생하는 암수딴몸 겨우살이의 사연을 전달해 주는 「셋방 사는 겨우살이」, 늦은 봄부터 여름 한철을 흐드러지게 피었다 지는 개망초꽃을 노래한 「개망초 처세술」……

이 시집의 시들은 무엇보다 시인이 보고 듣고 아는 자연의 사연들을 유머러스하게, 웃음을 묻혀 전달하는 '이야기꾼' 화자의 모습을 드러낸다. 위에서 열거한 시들 가운데, 「도다리 승천하다」를 한 번 같이 읽어본다.

> 옛날 넙치들의 마을이 있었다.
> 생전에 무슨 업을 졌는지
> 모래바닥에 배를 깔고 미천하게 살았다.
> 그런데 혈기 왕성한 두 넙치가 만나기만 하면 싸운다.
> 종족의 울분을 삭히지 못해서다.
>
> 어느 날 둘이서 바위계곡으로 먹이사냥을 갔다. 짙은 바위 그림자와 깊은 굴이 많아 으스스하던 차에 거칠고 사나운 우럭을 만났다. 세상 사람들의 사랑을 받던 우럭은 당당했다. 머뭇머뭇하다가 한 친구가 그를 물고 늘어졌다. 엎치락뒤치락 처절한 싸움이었다. 다른 친구는 슬그머니 꽁무니를 뺐다. 그러나 넙치는 입이 작아 우럭을 삼킬 수가 없었고, 우럭은

넙치를 잡아먹을 수가 없었다. 결국 싸움은 무승부로 끝났다. 화가 난 우럭이 돌아서면서 꼬리지느러미로 뺨을 후려쳤다. 오른쪽 뺨을 얻어맞은 넙치는 눈까지 돌아갔다. 그 후손이 광어다.

광어는 우럭처럼 인기가 치솟아 어깨를 으쓱거리며 마을을 돌아다녔다. 남은 친구는 구겨진 자존심에 화가 났다. 자기도 우럭과 싸워야 한다고 결심하고 홀로 그 무시무시한 바위산으로 올라갔다. 역시 우럭이 버티고 있었다. 지느러미가 벌벌 떨렸다. 죽기 살기로 싸움을 걸었는데 역시 무승부다. 광어처럼 되려고 오른쪽 뺨을 내밀었더니 우럭은 밉다고 왼쪽 뺨을 후려쳤다. 눈이 오른쪽으로 돌아갔다. 그는 도다리의 시조가 되었다.

도다리는 아무리 기다려도 세상 사람들은 자기를 거들떠보지 않았다. 마침 봄바람과 놀다 온 파도를 만나 하소연했더니, 지상에 있는 쑥을 만나보라 했다. 쑥도 좋은 향을 가졌으나 제대로 대접받지 못하며 산다고 했다. 미천한 쑥과 도다리는 동병상련으로 뭉쳤다. 지금 그 인기가 하늘로 치솟고 있지 아니한가.

  도다리쑥국의 탄생설화다.
  지금도 도다리와 광어는 서로 외면하고 산다.

─「도다리 승천하다」, 전문

원래 광어는 넙치의 다른 말이라고도 하지만, 여기서는 한 편의 시로 보고 이야기를 이해해 보기로 하자.

생김새를 찾아보면 알 수 있듯이 광어와 도다리는 구별이 어려울 정도로 판판하게 생긴 물고기들이다. 이 플랫피쉬(flatfish)에는 가자미도 있는데, 보통 사람은 이 셋을 쉽게 구별하기 어렵다. 인터넷 정보에 따르면 이들은 모두 가자미목에 속하지만 도다리와 가자미는 같은 가자미과에 속하고 광어는 넙치과에 속한다고 한다. 이 시에는 가자미는 등장하지 않으니 논외로 하고, 일단 광어나 도다리는 모양이 비슷해서 구별하기 아주 어렵다고.

세속에서는 '좌광우도'라 해서 눈이 왼쪽에 쏠려 있으면 광어, 오른쪽에 쏠려 있으면 도다리라는 구별법이 통용되고 있기도 하다. 이 시는 이 '좌광우도'의 이치를 바탕으로 한 편의 설화를 지어내고, 나아가 '도다리쑥국'의 사연까지 이야기해 준다. 역시 알려진 바에 따르면 도다리는 저열량에 고단백이요 쑥은 비타민 함량이 많아서 궁합이 잘 맞는다 한다. 쑥의 '쌉싸름 향긋한 풍미'와 도다리의 '담백하고 고소한 맛'도 잘 어울린다고 한다.

기왕 이야기가 나왔으니 말인데, 모양이 비슷한 어류들에 대해서, 백석은 꽁치와 공미리, 즉 학꽁치에 대해, "공미리는 아랫주둥이가 길고 꽁치는 윗주둥이가 길지."라고 유머러스하게 표현한 바 있다. 또, 나 역시 같은 연장선상에서 박대와 서대의 차이에 관심을 가져 본 적이 있다. 서대는 검고 박대는 불그스름하다. 말려서 찌면 서대는 박대보다 살이 깊다. 둘 다 납작하고 길지만 서대는 박대에 비해 조금 더 두텁다.

원래는 둘 다 넙치였는데, 우럭과 싸우다가 하나는 오른쪽 눈이 돌아가 광어가 되고 다른 하나는 왼쪽 눈이 돌아가 도다리가 되었다는 이야기는 이 두 어족의 생김새를 웃음으로 대하게 한다. 사람이라면 외모 평가 운운해서 잡음도 나겠지만 아직까지 어족 생김새를 논했다고 일이 커질 일은 없다.

웃음이 이 시집의 중요한 특징이다. 시인은 사람들에게 아무런 감정의 부담도 위화감도 주지 않는 방식으로 사람살이 속에서 벌어지는 크고 작은 일들, 계절의 순환, 산과 바다의 이야기를 유머러스하게 전달하여, 읽는 사람으로 하여금 먼저 웃음지을 수 있게 한다. 그 웃음은 따뜻한 유머의 웃음이다. 유머는 풍자와 달리 대상을 감싸 안는 웃음이며, 세상을 갈등의 현실에 거리를 두고, 의식적으로 멀리서 건너볼 수 있는 사람의 원융의 미학이다. 나는 이 '유머'의 미학에서 이 시집이 읽은 이들에게 선사하는 기쁨과 즐거움의 원천을 발견한다.

2. '천연'이 선사하는 기쁨

이처럼 이 시집의 가치로운 요소로서 중요한 것은, 시인이 자연이 선사하는 기쁨과 즐거움을 한껏 잘 표현해 주고 있다는 사실이다. 봄, 여름, 가을, 겨울, 계절의 순환을 따라 부단히 생명의 움직임을 만들어가는 자연의 모습과, 이 자연 속에서 자연의 물상들을 벗, 애인 삼아 '천연'의 삶을 살아가는 시인 자신의 삶에 대한 '꾸밈없는' '진술', 이 시집은 그런 꾸밈없는 꾸밈의 시들을 보여준다.

예를 들어, 입춘 즈음의 자연의 변화를 감각적으로 노래한 「입춘 주머니」, 계절 따라 변화하는 자연의 아름다움에 온통 마음을 빼앗겨 버린 시인의 마음 세계를 노래한 「사랑하는 마음」, 봄을 기다리는 간절한 마음을 노래한 「봄은 언제」, 새벽에 잠깐 왔다 사라지는 이슬을 노래한 「이슬」, 작은 꽃의 아름다움을 노래한 「봄까치꽃」, 감자를 기르는 마음을 노래한 「감자야」, 벌과 꽃의 향연을 노래한 「꽃은 피고 싶어 핍니까」, 시인의 텃밭에서 자라나는 계절의 야채들을 노래한 「접두사 쟁탈전」, 텃밭에 피어난 화초의 아름다움을 사랑하는 마음을 노래한 「바람둥이」, 땅의 미덕을 노래한 「땅」 등등…… 이들은 시집 앞부분에 수록된 시들을 순서대로 한 번 나열해 본 것이다. 이들 가운데 나는 다음 시들을 독자들과 함께 감상해 보고 싶다.

(가)

원래 나는 가진 게 많았다

지난봄
꽃들이 난장판 치더니
한 움큼 뺏어가고
여름에는
여울을 휘젓는 피라미가
한 됫박이나 훔쳐간다
가을이 되니
푸른 하늘이
왕창 뺏어가더니
겨울에는
설산의 상고대가
흩어진 이삭마저 쓸어간다
텅 비고 허전하여
풍요롭다는 바다에 갔더니

가진 것 다 털어 내라고
오히려 으름장이다
줄 것이 없어
빚만 지고 돌아왔다

—「사랑하는 마음」, 전문

  (가)의 「사랑하는 마음」은 자연과 함께, 자연을 벗 삼아 살아가는 시인의 생활 방식과 마음 세계를 잘 드러내고 있다. 봄에 시인은 꽃과 함께 보냈고 여름에는 냇가에 가 살았으며, 가을의 푸른 하늘에 마음을 빼앗겼고 겨울에는 '**설산**'의 '**상고대**'에 온통 모든 것을 주었다. 이 모든 것을 '뒤로 하고' 바다로 가자 바다는 또 무엇에도 비길 수 없는 아름다움을 품고 있었다. 이 시는 자연의 아름다움에 넋을 바친 시인의 삶의 양상을 간명하고도 유머러스하게 보여준다.

  이 「사랑하는 마음」의 연장선상에서 「입춘 주머니」 같은 감각의 시의 의미도 조금 더 생각해 볼 수 있다. 이 시는 자연의 순환 속에서 살아가는 시인의 마음 세계를 상상적인 '**주머니**'의 존재를 빌려 노래한다.

(나)

허공이 부풀다
저 속엔 무엇이 들어있을까
숨 쉬고 눈 뜨는 소리
기지개 켜고 흙 비집는 소리

두 발로 대지 밟고
생명의 환호 터뜨리는 소리
허공은 커다란 소리주머니야

소리의 퍼즐
요렇게 맞추면
냉이
저렇게 맞추면
민들레
요리조리 맞추면
미나리아재비

입춘의 소리는 퍼즐로 오는 거야

―「입춘 주머니」, 전문

  처음에, 입춘 봄을 맞이하여 시인은 '**허공**'이 한껏 부풀어 있다고 느낀다. 봄은 확실히 사람들에게 어떤 설렘을 선사하는데, 시인은 이 설레는 느낌의 원천을 부푼 '**허공**'으로 표현한 것이다.
  어떤 것들이 이 설렘을 가져다주는가? '**소리**'들이다. '**소리**'들 때문이다. 숨 쉬는 소리, 눈 뜨는 소리, 기지개 켜는 소리, 흙 비집는 소리들 때문이다. 이런 것들이 어째서 꼭 소리를 내겠는가만은 시인은 이 생명의 움직임, 만물 소생의 변화를 '**소리**'로써 '공감각적으로' 감지한다. 보이는 것, 움직이는 것, 피부로 느끼는 것들을 모두 '**소리**'로 표현한다. '**두 발로 대지 밟고**' '**생명의 환호 터뜨리는 소리**'들이라 한다.

다음에 가서, 시인은 이제 이 '**소리**'들이 빚어내는 천변만화의 생명 현상들을 노래한다. '**소리의 퍼즐**'을 어떻게 맞추느냐에 따라 이 소리 퍼즐은 '**냉이**'도 되고 '**민들레**'도 되고 '**미나리아재비**'도 된다. 어디 이 셋뿐이랴. 냉이며, 민들레며 미나리아재비는 봄에 새롭게 피어나는 모든 생명스러운 초목을 대표하는 이름들일 뿐이다.

마지막에 가, 시인이 '**입춘의 소리는 퍼즐로 오는 거**'라 할 때, 이 '결구'는 생명현상의 신비로운 출현에 대한 가장 '적절한' 표현으로 느껴진다. 봄은 모든 것을 새롭게 탄생시키는데, 그 원천은, 마치 장난감 레고가 같은 형질의 조각들로 이루어져 있듯이 하나의 생명적 에너지를 갖는다. 이 원천으로서의 생명력이 각기 각자의 형상들로 천변만화의 조화를 이루어 피어나 세계를 아름답게 변모시킨다.

자연의 놀라운 순행과 변화, 그 속에서 일어나는 신비로운 아름다움에 대한 시인의 천착은 다음과 같은 시에 이르러 아주 깨끗한 표현을 얻는다.

(다)

소프라노 찌르레기와
테너 귀뚜라미 합창을 들으며
우주로부터 내려온다

그는 외눈박이 왕눈에다
칠성무당벌레를 닮았지만
성능 좋은 천체망원경이다

인간이 두 눈 가지고도 못 보는 세상을
그는 한 눈으로 본다
감나무에 달린 홍시를 순간에 헤아리고
구름에 가는 달을 보며
계수나무가 고목枯木이라는 것을 단번에 알아차리고
은하수 건너뛰는 오리온의 점프에
감탄하기도 한다
고요한 밤 홀로 깨어
창문으로 흐르는 호롱불 빛을 즐기며
갓난아기 울음소리에 행복을 느낀다

고향이 그리울 땐
별을 헤아리며 밤을 새고
하루살이 날갯짓 시작할 때 새벽빛 타고
다시 우주로 사라져 간다

—「이슬」, 전문

    나 역시 고려불화 「수월관음도」에 대해 쓴 적 있지만, 이 시는 바로 그 모든 것을 보여주는, 비춰주는 물방울 하나, 그 이슬에 대해 노래하고 있지 않은가. 이 시의 세 번째 연은 너무나 아름답다. **'인간이 두 눈 가지고도 못 보는 세상을' '그는 한 눈으로 본다'** 할 때, 이는 이슬방울에 비치는 온 세상을 얼마나 정확히 표현하고 있는가. 이 이슬방울이 **'고요한 밤 홀로 깨어'** 있었다 할 때, 나는 시인이 발견한 이슬의 숨은 비밀을 이제야 알게 된 것도 같은 놀라움을 느낀다. 덧붙여 이 시는 이 이슬을 **'천체망원경'**에 비유해 보이는 시어의 새로움, '낯설게 하기'의 한 차원을 개척했다고도 할 수 있다.

3. '지리산 시'의 새로운 의미

이 시집의 3부에 이르면 시어들의 분위기가 한결 달라진다. 고유명사의 세계가 갑작스럽게 안전에 닥쳐온다. 반복되는 시인의 고향 인근의 지명들이 나타난다. 여러 시편들이 지리산과 덕천강 세상을 사람들에게 반복적으로 보여준다.

'**덕천강**', '**천왕샘**', '**구곡산**'(「덕천강 여울」), 다시 '**덕천강**'(「눈쟁이」), '**지리산**'(「안개와 철쭉」), '**남명**', '**천왕봉**'(「솔잎의 뜻은」), 다시 '**천왕봉**'(「천왕봉의 기적」), '**천왕봉**', '**삼도봉**', '**벽소령**'(「비에 젖나 봐라」), '**덕산 마을**', '**천왕봉**'(「수묵화 마을」), '**삼각봉**', '**선비샘**'(「연초록 신록」), '**웅석봉**', '**구곡산**', '**지리산**', '**덕천강**'(「신기루」), 다시 '**천왕봉**'(「고향집」), '**지리산**', '**천왕봉**', '**망바위**', '통천문'(「지리산 칼바위」), '**지리산 천왕봉**', '**덕천강**', '**덕산**'(「덕천강은 흐른다」) 등등, 이 시어들은 시인의 '고향'의 존재를 우리 앞에 드러낸다.

시인은 지리산 아래 '덕천강' 사람이며 다음의 시는 이 고향을 향한 시인의 변함없는 마음세계를 아련하게 표현해 주고 있다.

(가)

내 가슴엔
고향이 둥지 틀고 있다
비좁다고 불평하는 법도
답답하다고 뛰쳐나가는 법도 없다

천평 들에 아지랑이 아롱한데
웅석봉 무지개 하늘에 솟아있어
남풍 타고 달려가니
무지개는 고사하고 아지랑이도 간 곳 없다
반쪽 낮달만 덩그마니

보랏빛 구곡산이
연분홍 손수건 흔들기에
북풍 타고 달려가니
보랏빛도 손수건도 간데없다
고깔 쓴 지리산만 덩그마니

덕천강 물소리 아련하고
양단수 맑은 물에 피라미 뛰노니
낚싯대 챙겨 들고 가슴 펴고 가지만
여울이 예전 같지 않아
황혼에 물든 은하수만 십여 리

내 고향은 신기루

　　　　　　　　　　　　　　　－「신기루」, 전문

자신의 고향을 일컬어 '**신기루**'라 표현한 것은 어떤 상실감의 표현이겠지만, 그럼에도 불구하고 계속해서 고향의 심상으로 돌아가는 시인의 마음은 고향을 잃어버렸다고 할 수 없다. 나는 시인이 계속해서 환기하는 고향의 물상들에 관심을 표명치 않을 수 없다.

시인의 마음의 터전이라 할 남쪽의 명산 지리산은 남원, 구례, 하동, 산청에 걸쳐 높고도 깊은 산세를 이룬다. 민족의 피어린 사연을 간직하고 있는 만큼, 박경리의 『토지』, 이병주의 『지리산』, 조정래의 『태백산맥』 같은 대하소설들에 중심적 공간으로 나타난다.

이태의 『남부군』을 보면 빨치산들이 토벌대를 피해 지리산 백무동 계곡을 하룻밤에 일곱 번을 오르내렸다 했다. 나는 이념을 쫓아 산으로 올라간 사람들이 생사의 고비를 넘기는 이 처절한 논픽션 수기를 열독한 바 있다. 1980년대 후반 경에 지리산은 이러한 투쟁적 상상력에 깊게 얽어매여졌다. 그 시대에 나는 어떤 비밀스러운 조직의 일원으로 하루 간격으로 연이어 두 번을 지리산 종주 '순례'를 다녀오기도 했다.

이렇게 피어린 역사를 간직한 지리산은, 그러나, 시인에게서는 어떤 '탈역사적인' 순수한 이미지로서만 존재하고 제시되는 특징을 보인다. 이 시집의 인상 깊었던 점 중의 하나는, 이 시인이 지리산의 산과 계곡을 노래하는 방향이랄까 어조의 색채랄까 하는 것이었다.

(나)

바람이 미쳤다
안개도 미쳤다
덩달아 싸락눈도 미쳤다
미치지 않고서야
천왕봉이 태양을 휘감고 곤두박질 칠 수 있나

열여섯 번째 지리산 종주
시월의 마지막 날 아비규환
혼돈의 천왕봉이다
미친 것들이 하나 둘 물러가니
펼쳐지는 천상의 세계
풀잎엔 새순 돋고
꽃은 허공에 피고
바위는 만물상을 만들더니
구상나무 춤을 춘다

천왕봉이 피어난다
한 송이 꽃으로

— 「천왕봉의 기적」, 전문

(다)

지리산 종주 길
아침부터 비가 내린다
삼도봉 지나
벽소령 지나

콩알 만한 빗방울이
잎 때리고
숲 때리고
땅 때리는 소리
나락 논에 메뚜기 튀듯 경쾌하고
큰 파도 휘모는 바닷바람처럼 장엄하다
놀란 산새 노래를 멈추고
산유화는 향기를 멈추고
바람마저 젖은 몸으로 갈 길을 멈춘다
빗물은 얼굴에 도랑처럼 흐르고
신발은 질척거리고
지리산은 하염없이 비에 젖는다

아무리 비가 쏟아져도
지리산을 걷고 싶은 내 마음은
안주머니 지갑처럼
뽀송뽀송하다

―「비에 젖나 봐라」, 전문

 (나)의 「천왕봉의 기적」은 시월말의 지리산 천왕봉 인근 풍경을 노래한 것이고, (다)의 「비에 젖나 봐라」는 계절을 명시하지는 않았지만 비의 형세로 볼 때 여름의 지리산을 노래한 것이다. 위의 시들에 따르면 시인은 지리산을 열여섯 번 이상 종주를 했는데, 그렇다면 웬만한 사람들보다는 확실히 산사람에 가까운 풍모를 지닌다고도 할 수 있다. 시인은 백 번 이상 지리산을 등

정한 지리산에 미친 사람들과는 달라도 지리산 밑에 고향을 가진, 누구보다 지리산에 친숙한 사람이다. 위의 (나)와 (다)의 시는 그런 사람의 시선에나 비칠 수 있는 산 위 풍경이 선명하게 그려져 있다. (나)에서 싸락눈 바람에 휘감겼던 지리산 천왕봉이 '**한 송이 꽃**'으로 피어나는 광경, 그리고 (다)의 특히 두 번째 연에서, '**삼도봉**', '**벽소령**' 지나 갑작스레 떨어지는 '**콩알 만한 빗방울**'이 산 위 세상에 가져온 풍경의 변화는 실제 경험한 사람만 느낄 수 있는 감각과 감정을 가장 적실한 언어로 표현했다 할 수 있다.

이 시들에서, 그리고 고향 인근의 풍광들, 물상들, 사람들의 삶을 노래한 다른 시들에서 지리산을 둘러싼 피어린 역사적 상상력은 들어설 틈이 없다. 이러한 의미에서 이 시집은 지리산을 역사로부터 온전한 자연 그것으로, 그리고 시인 개인의 내밀한 추억의 공간으로 되돌려 놓았다고 할 수 있다. 남명(南冥) 조식(曺植, 1501.7.10~1572.2.21)의 묘소에 대한 회상을 제외한다면(「솔잎의 뜻은」), 이 시들은 온전히 시인의 고향의 자연에 바쳐진 헌사와도 같다.

다음의 시는 지리산이 시인에게 선사하는 천연으로서의 삶의 가치를 아주 잘 보여준다.

(라)

초록아 초록아 연초록아
내가 어디에 있니
삼각봉 오르고 있지

초록아 초록아 연초록아
내가 진정 어디에 있니
선비샘 내려가고 있지

숲도
바위도
구름도 연초록이다
연초록 속을 걷고 또 걷는다
새들의 노랫소리도 연초록이요
살랑 바람도 연초록이다
고함을 쳐봐도
돌아오는 메아리는 연초록이다

눈을 감아도
눈을 떠봐도 연초록이다
연초록에 물든 나도
지리산을 영영 헤어날 수가 없구나

—「연초록 신록」, 전문

  시인의 지리산 시들을 읽어가며 나는 내가 걸어갔던 노고단, 선비샘 지나 잔돌평전(세석), 연하봉, 장터목, 그리고 천왕봉과 백무동 계곡 길을 생각한다. 산 아래는 아직 여름이어도 산위는 벌써 초가을이 밀려들던 그때, 그 잔돌평전의 고추잠자리들, 들국화들, 연하봉 근처에 흩뿌리던 안개비와 어둠 사이로 모습을 드러내던 천왕봉의 자태…… 이 시집은 지리산이 우리에게 선사하는 깊은 아름다움을 표현하고 있다.

4. 자연과 함께 삶을 희롱하다

이쯤에서 나는 다시 시인의 자연의 시들로 돌아온다. 시인의 '천연'에 대한 사랑은 꽃을 노래한 두 편의 시에서도 여실히 나타난다. 앞의 시는 짐짓 꽃을 꾸짖는 듯하고 뒤의 시는 꽃을 탓하는 것 같지만 그 속에 깃든 마음은 순전한 사랑 그것이라 할 수 있다.

(가)

꽃아
꽃아
예쁜 꽃아
네가 있어 세상이 더욱 아름답다
고개 치켜들고 태양을 희롱하지 마라
단풍잎 예뻐도 뽐내지 아니하고
푸른 하늘 우아해도 물러서 있지 않느냐

꽃아
꽃아
향기로운 꽃아
네 향기 내 가슴 녹이는구나
그런다고
세상 휩쓸지 마라
살랑대는 솔향 그만 못하더냐
냉이며 더덕 향이 그만 못할까만
있는 듯 없는 듯하지 않느냐

고개 숙여 아래를 보아라
네 자신이 비로소 보일테니

　　　　　　　　　　　　　　―「꽃아」, 전문

(나)

나는 그녀를 좋아한다
어쩌다 떠나 있으면 보고 싶어 견딜 수가 없다
그녀도 나를 좋아하는 것이 틀림없다
내가 그녀 앞에 서면 그녀의 눈은 환희로 빛난다
그 사랑의 눈빛을 잊을 수가 없다

그녀를 집적거리는 것들이 너무 많다
벌 나비 찾아들면 춤 노래 흥겹지만
잡새들과 어울리면 아수라장이 된다
바람은 시도 때도 없이 찾아와
옷매무새를 흩트려 놓고 간다
그녀는 요염한 웃음으로 순진한 아침햇살을 꾀어
사랑을 나누기도 한다

그녀는 예쁜 바람둥이

바람둥이를 사랑하는 나는
오늘도 삽 들고 텃밭으로 간다

　　　　　　　　　　　　　　―「바람둥이」, 전문

(가)와 (나)의 시의 공통점은 꽃이나 화초를 사람처럼 의인화해서 말을 건네고 있다는 점이다. 그런데 이는 비록 사람의 말을 건네고는 있으나, 시인이 이들을 사람들의 세계로 들여왔다기보다 시인 자신이 그들의 세계로 들어가서 말을 주고받는 듯한 느낌을 자아낸다. 의인화는 낯선 것을 낯익은 것으로 표현하는 방법이며 사물을 그 친숙함 속에서 새롭게 발견하도록 하는 기법이다. 꽃을 사람처럼 짐짓 그 부덕함을 꾸짖고 바람둥이 기질을 탓하는 데서 읽는 이는 이들의 세계 한가운데 들어가 있는, 또 그렇게 하나 되고자 하는 시인의 순수한 정감을 읽어내지 않을 수 없다.

같은 맥락에서, 다음의 시는 자연이 빚어내는 절실한 아름다움을 또 다른 의인화로써 유머러스하게 드러내는 양상을 보인다.

(다)

비좁은 바위틈에
소나무 씨앗이 날아든다

좀 들어가자
나도 살아야 할 것 아니냐
안 된다, 인마!
땅 놔두고 나한테 왜 그래
태고의 신비를 간직한
네 심장의 소리를 듣고 싶어서야
여우 같은 소리 하지 마라
주름진 것도 속상한데 얼굴에 생채기까지 내면
어쩌란 말이야

겉에만 살짝 얹혀 있을게 응!
안 돼 안 돼 그래도 안 돼

세월이 흘러
소나무는 바위틈에 단단히 자리 잡고
S 라인 뽐내며 푸른 하늘 받치고 있다
바위는 대견스럽게 웃으며 그를 쳐다본다

인간들은 모른다
우리가 예술하고 있다는 것을

―「소나무와 바위」, 전문

  이 시는 시간적으로 두 개의 부분으로 나누어 볼 수 있다. 하나는 소나무 씨앗이 막 바위틈에 자리를 잡을 때이며, 다른 하나는 세월이 흘러 바위와 소나무가 하나의 풍경을 이루게 되었을 때다. 시인은 두 존재의 갈등을 웃음기 묻어나는 '필체'로 상상적으로 그려낸 다음, 이 갈등이 지나간 뒤의 아름다운 조화의 풍경을, **'인간들은 모른다'**, **'우리가 예술하고 있다는 것을'**이라는 역설적 표현으로 제시한다.

  사실, 하나의 풍경을 이루고 있는 소나무와 바위를 **'예술'**로 읽어내는 것은 인간들일 뿐, 정작 그네들은 무심하지 않던가. 이를 모를 리 없는 시인이, 소나무와 바위의 '뽐내는 마음'을 이렇게 표현하고 있는 것을 보면, 이 또한 하나의 유머임에 웃음 짓지 않을 수 없다.

그리고 이에 이르러 나는 이 시집에 등장하는 한 편의 이채로운 시를 거론치 않을 수 없다. 이 시에는 시집에 말미 근처에 이르기까지 등장하지 않던 세속적 삶의 한 귀퉁이가 슬며시 제시되어 있다.

(라)

카트를 끌고 아내 뒤를 따른다. 싸전에 들러 10kg 포장을 열심히 뒤적인다. 똑같은 건데 뭘 그렇게 보냐고 했더니, 빛깔과 도정 회사와 날짜를 본다고 한다.

정육 코너에 들러 국거리 팩을 뒤적인다. 시간이 하염없이 흘러 한 마디 했더니,
도축 회사와 날짜를 확인해야 한다고 한다. 그런 게 거기 적혀있냐고 반문하니,
그렇단다.

생선가게에 들렀다. 눈이 붉거나 흐릿하면 상한 것이고, 배가 처져도 상한 것, 눈도 피부도 빛깔이 신선해야 한단다.

바지락 전에 들러 또 이리저리 뒤적인다. 기다림에 지쳐, 조개껍질 속에 들어있는데 그것도 뭐 보는 법이 있냐고 했더니, 육안으로 구별이 어려워 팩을 기울이면 국물이 고이는데, 누르스름하면 물이 좋지 않고 맑을수록 싱싱한 것이란다.

대머리에 뚱뚱한 남자가 여자 둘을 데리고 나타났다. 부인과 딸 같다. 남자가 카트를 끌고 굴비 전에 가니 그녀들이 우르르 따라가서 구경한다. 또 건어물 전에 쯔르륵 몰려가더니

> 남자가 고등어 진공포장 뭉치를 들고 힐끗 한 번 보더니 카트에 휙 집어넣는다. 여자들이 신기한 듯 깔깔거리며 뒤따른다.
>
> 나도 저래봤으면
>
> ―「어느 세상에서 왔을까」, 전문

이 시에는 이제까지 전혀 엿볼 수 없던 시인의 삶의 생활적 단면이 스윽, 하고 모습을 나타낸다. 이 역시 웃음 없이는 읽을 수 없음에 그 날카로움이 있다. 아내와 함께 마트에 간 남편은 아내가 아는 아무것도 알지 못한다. 쌀도, 고기도, 생선도, 바지락도 알아볼 수 있는 '눈'이 없다. 이 시 이전에 그렇게 자연에 깊이 들어가 있던 시인이 생활 속에 함께 하는 물상들에 대해서는 이렇듯 무지하다는 사실이, 그 드러냄이 웃음을 지어내지 않을 수 없게 한다. 아내와 딸을 '거느리고' 마트에 찾아와 보무도 당당히 쇼핑을 하는 대조적인 풍경은 우리네 사람살이의 '비밀'을 슬며시 들추어 본 것 같은 즐거움을 준다.

나는 이 시집이 선사하는 기쁨과 즐거움이 얼마나 소중한 것이냐 생각한다. 자연을 노래한 '천연'의 시들 끄트머리에 이런 시 하나를 슬쩍 끼워넣은 것도 시인의 유머 감각의 소산이라면 소산일 것이다. 누군가 말했다. 삶은 가까이서 보면 비극이지만 멀리서 보면 희극이라고. 시인의 '마트 시'는 삶을 생활로서 가까이 대하고 있는 데도 자신의 '우행'을 멀리서 보는 듯한 희극미가 있다. 그런가 하면 시인의 자연의 시들은 일순 경건함이 이는 때도 있지만 사랑스러운 기쁨과 즐거움을 근본에 두면서 읽는 이들에게 웃음을 짓게 하는 국면들을 선사한다.

근래 한국의 시에 이런 기쁨과 즐거움이 없었음을 생각한다. 자연이 자연으로 생명의 기운을 순수하게 드러내는 시가 부족했음을 생각한다. 이 시집이 지금 귀하게 느껴지는 까닭이라 하지 않을 수 없다. 이 시집은 삶을 관조할 수 있는 깊은 연륜과 자연에 귀의할 수 있었던 순수한 심정의 귀한 소산물이다.

CHAEMUNSA PURPLE BOOKS
채문사 채문시집 008

입춘 주머니

2024년 9월 17일 제 1쇄 발행

지은이	김재농
발행인	인세호
편집인	인세호

발행처	채문사
주소	서울시 마포구 독막로6길 9, 2층 2426호
전화	070-7913-2333
등록	2018년 4월 12일 (등록번호 제 2018-000101호)
인쇄	한솔 미디어
ISBN	979-11-92287-67-6

* 이 시집은 사회적 기업 (주)디올연구소의 노안, 저시력자용 특수 폰트를 사용하고 있습니다.
* 잘못 만들어진 책은 구입처에서 바꿀 수 있습니다.
* 이 책에 실린 내용의 전부 또는 일부를 재사용하려면 채문사의 동의를 받아야 합니다.
* 가격은 표지에 표시되어 있습니다.

Printed in Korea
Copyright ⓒ 2024 by Chaemunsa All rights reserved.
http://www.chaemunsa.com